UN FOCO EN LA NATURALEZA

LA BALLENA

NELL MUSOLF

CREATIVE EDUCATION - CREATIVE PAPERBACKS

Publicado por Creative Education y Creative Paperbacks
P.O. Box 227, Mankato, Minnesota 56002
Creative Education y Creative Paperbacks
son sellos de The Creative Company
www.thecreativecompany.us

Diseño de Blue Design, Inc.
Dirección artística de Graham Morgan
Editado por Grace Beltowski

Fotografías de flickr/Biodiversity Heritage Library, 8, 10, 14, 16, 20, 22; Getty Images/ por wildestanimal, portada, 1, Francois Gohier/VW Pics, 10, Gerard Soury, 12, Reinhard Dirscherl/ullstein bild, 6, Sean Gallup, 21, Stuart Westmorland, 24, Tfilm, 11; Unsplash/ Chinh Le Duc, 18, Mendar Bouchali, 28, Richard Sagredo, 21, Thomas Kelley, 14, Ulrike R. Donohue, 3, 29; Wikimedia Commons/Ed Lyman/NOAA/National Marine Sanctuaries, 29, Gregory "Slobirdr" Smith, 9, Jérémie Silvestro, 27, National Marine Sanctuaries, 15, 17, 23, 29, NOAA, 16, Sylke Rohrlach, 4-5, Will Falcon alias Vitaly Sokol, 29

Library of Congress Cataloging-in-Publication Data
LCCN: 2024053986
Library binding ISBN: 9798889899280
Paperback ISBN: 9781682779682
eBook ISBN: 9798895810071

Impreso en India

CONTENIDO

CONOCE A LA FAMILIA

BALLENAS JOROBADAS de las Islas Azores

Es un caluroso día de agosto en las islas Azores. Este paraíso formado por nueve islas se encuentra a 1.609 kilómetros (1.000 millas) al oeste de Portugal, en el Atlántico Norte. El aire sobre las islas es cálido, pero bajo la superficie del océano el agua está a unos suaves 21,1 grados Celsius (70 grados Fahrenheit). Los océanos del mundo son un vasto espacio donde viven más de 260.000 especies diferentes de plantas y animales. La ballena jorobada es una de ellas.

Una hembra de ballena jorobada lleva más de un año esperando para dar a luz. Un grupo de otras ballenas hembras se reúne a su alrededor. Hacen de **comadronas**. Ayudarán a la madre a dar a luz a una cría. Las ballenas han elegido un lugar en aguas poco profundas, cerca de la orilla. Esta ubicación ayudará al recién nacido a salir rápidamente a la superficie tras el parto. Hasta entonces, las ballenas esperan.

PRIMER PLANO

Piel gomosa

La piel de una cría de ballena es suave y se siente como goma mojada. La piel de una ballena permanece lisa a medida que madura. Puede llenarse de bultos debido a parásitos, empujones con otras criaturas marinas durante la alimentación o golpes con un barco en el agua.

CAPÍTULO UNO

LA VIDA COMIENZA

Las ballenas se encuentran en todos los océanos del mundo. Viven desde las cálidas aguas del Océano Índico hasta las heladas profundidades del Ártico. Hay más de 90 especies diferentes de ballenas. Aunque varían en tamaño y color, todas comparten características fundamentales. Son **de sangre caliente**. Tienen pelo. Las hembras dan a luz y amamantan a sus crías. Todas las ballenas viven casi siempre bajo el agua y salen a la superficie para respirar.

A diferencia de los peces, las ballenas no pueden respirar bajo el agua. Los peces tienen **branquias**. Las ballenas respiran con los pulmones y un espiráculo situado en la parte superior de la cabeza. Las ballenas asoman la cabeza para tomar aire cuando están cerca de la superficie del agua. Después de respirar, el espiráculo se cierra herméticamente para impedir la entrada de agua. Los buceadores profundos, como los cachalotes, pueden aguantar bajo el agua más de una hora sin respirar.

Hay dos tipos de ballenas: barbadas y dentadas. Las ballenas barbadas tienen placas en la boca. Cuando las ballenas barbadas recogen agua de mar

HITOS DE LA BALLENA JOROBADA

DÍA 1

- Nace
- Peso: 907 kilogramos (2.000 libras)
- Longitud: 3,9 metros (13 pies)
- Puede nadar a los pocos minutos de nacer
- Se alimenta de leche materna

en la boca, las placas separan el agua de presas como **kril** y peces pequeños. Las ballenas dentadas utilizan sus dientes para capturar criaturas marinas más grandes, como peces y calamares.

Las ballenas barbadas se conocen como grandes ballenas debido a su tamaño. La ballena barbada más grande es la ballena azul. Las ballenas azules son los mamíferos más grandes del planeta y pueden alcanzar los 33 m (108 pies) de longitud. Pesan entre 45 y 136 toneladas métricas (50–150 toneladas). La mayor ballena azul conocida pesaba 190 toneladas métricas (209 toneladas). La ballena barbada más común es el rorcual aliblanco. Hay casi un millón de rorcuales aliblancos viviendo en los océanos Atlántico Norte, Pacífico Noroeste y Antártico.

Las ballenas dentadas incluyen a los cachalotes, belugas y zifios. Utilizan la **ecolocalización** como ayuda para la navegación y la caza de alimento.

PRIMER PLANO

Tubérculos

Las ballenas jorobadas tienen protuberancias en la cabeza, la boca y las aletas llamadas tubérculos. Los tubérculos son grandes folículos pilosos, similares a los bigotes. Cada folículo contiene terminaciones nerviosas y un solo pelo. Los investigadores creen que los tubérculos perciben las vibraciones de otros animales en el agua.

FAMILIA DESTACADA

Bienvenido al mundo

La hembra de ballena jorobada está lista para dar a luz. Comienza el proceso de parto y las demás ballenas forman un círculo alrededor de la madre. La cola de la cría emerge primero, seguida rápidamente por el resto de su cuerpo. Cuando la cría nace por completo, mide un cuarto de la longitud de su madre. Una ballena recién nacida no puede nadar durante unos minutos después de nacer. Las otras ballenas ayudan a la madre a sostener a su cría. Juntas, empiezan a empujar a la cría hacia arriba. Llegan a la superficie del agua. La cría respira por primera vez.

Soplan aire por las fosas nasales. Esto crea un sonido agudo que rebota en el entorno oceánico antes de volver a la ballena. El sonido proporciona a la ballena información sobre el agua circundante, como la proximidad de depredadores.

Las ballenas barbadas oyen sonidos de tono bajo. Estos sonidos recorren grandes distancias y cubren grandes extensiones de agua. Las ballenas se comunican entre sí mediante estos sonidos graves. Estos ruidos se conocen como cantos de ballena, ya que suena como si las ballenas se estuvieran cantando unas a otras.

6 MESES

- Vigilado de cerca por la madre
- Continúa amamantándose con la leche materna
- Toma entre el 2 y el 10 por ciento de su peso en leche al día

PRIMER PLANO

Daltónicos

Las ballenas distinguen la luz de la oscuridad, pero no distinguen entre el rojo y el verde. Sus ojos son **monocromáticos** y contienen un tipo de cono. El cono corresponde a un color entre el rojo y el verde. El color exacto que ve una ballena depende de su especie.

FAMILIA DESTACADA

Primera comida

La ballena jorobada recién nacida está lista para su primera comida. Como casi todos los mamíferos, las ballenas viven de la leche materna hasta que pueden cazar por sí mismas. A diferencia de otros mamíferos, las crías de ballena jorobada no se agarran a su madre. La madre coloca cuidadosamente a la cría sobre sí misma. Entonces le echa un chorro de leche en la boca. La leche es espesa y está llena de grasa, lo que impide que se separe en el agua. Los nutrientes de la leche darán al ternero todo lo que necesita para crecer fuerte y sano.

Existen

DOS

tipos de ballenas:

barbadas y dentadas.

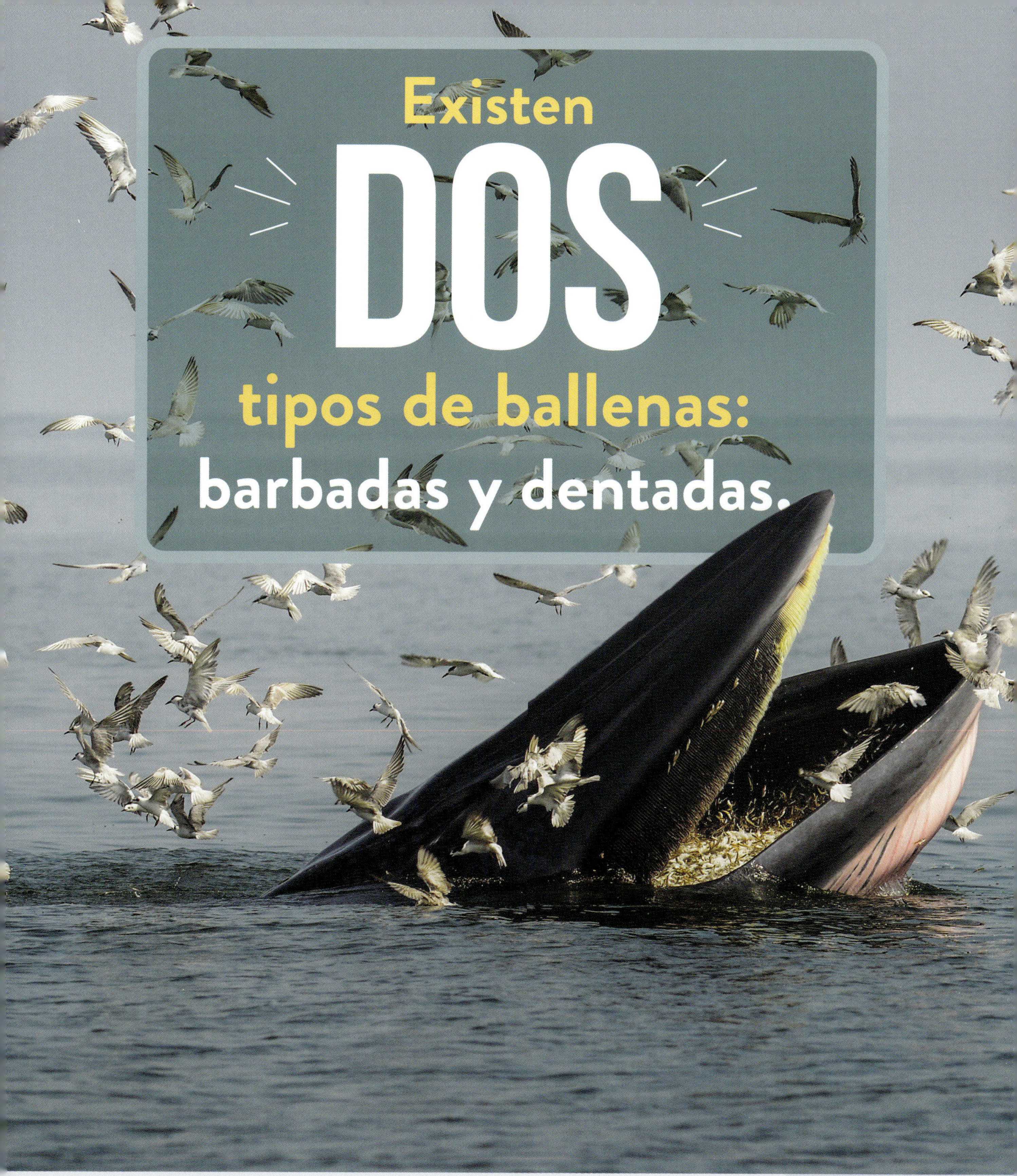

1 AÑO

- Socializa con otras ballenas de su misma especie
- Migra a aguas más cálidas por primera vez
- Longitud: 7,9 m (26 pies)
- Peso: 3.629 kg (8.000 libras)

PRIMER PLANO

Diatomeas

Las ballenas azules no son azules, son grises. Cuando una ballena azul sale a la superficie del océano en busca de aire, **diatomeas** en su piel reflejan el color del agua, dándole una apariencia azul.

CAPÍTULO DOS

PRIMERAS AVENTURAS

Las ballenas recién nacidas no suelen dormir durante su primer mes de vida. Las ballenas madre también permanecen despiertas para vigilar a sus crías. Una cría de ballena empieza a mamar poco después de nacer. La cría puede mamar hasta los tres años, pero la mayoría **se desteta** en su segundo año. Las ballenas se pegan a sus madres mientras aprenden a navegar por el océano. Una cría nadará junto a su madre y aprenderá a salir de la superficie del agua copiando sus movimientos. Cuanto más practique la cría, mejor se moverá por el agua.

Las ballenas se comunican con sus crías antes de que nazcan. Cada ballena tiene un silbido especial que utiliza con sus crías. Una vez que nace la cría, el silbato también ayuda a la madre ballena a identificar a su cría en la manada. Una manada es un grupo de ballenas que suelen estar emparentadas y viajan juntas. Las crías se comunican con sus madres llamándolas suavemente. El tono suave de la cría la protege de ser oída por los depredadores. Cuando las crías maduran, aprenden a emitir vocalizaciones más fuertes, o cantos de

2 AÑOS

- Bebe menos leche materna
- Empieza a comer kril y peces pequeños
- Caza con otras ballenas

PRIMER PLANO

Aletas

Las extremidades delanteras de una ballena son sus aletas pectorales. Estas aletas ayudan a la ballena a dirigir su cuerpo para navegar por el agua. Las aletas también ayudan a la ballena a detenerse.

FAMILIA DESTACADA

¡Come!

Es hora de comer para la ballena jorobada y su cría. Adentrándose en el océano, nadan una al lado de la otra. La madre localiza una mancha de kril. Con la boca abierta, gira en sentido contrario a las agujas del reloj, justo debajo de la superficie. Luego se lanza a través del agua. Su boca se llena de docenas de pequeños kril. La cría sigue de cerca lo que hace su madre. Abre la boca, gira el cuerpo y se lanza. La captura es un éxito.

ballena. Se comunican con otras ballenas de la manada. También utilizan las vocalizaciones para advertir de posibles peligros.

El primer año de vida de una cría puede ser difícil. Los depredadores, como los tiburones, se aprovechan de las crías más débiles que no pueden nadar tan rápido como las ballenas adultas. Después del primer año, las ballenas se vuelven más hábiles para evitar a los depredadores. Son más grandes y fuertes. Pueden moverse más deprisa y conocen mejor su entorno.

(3) AÑOS

- Totalmente destetada de la madre
- Se aventura a alejarse de la madre
- Busca un nuevo grupo con otras ballenas

PRIMER PLANO

Muchos estómagos

La mayoría de las ballenas tienen de tres a cuatro estómagos. Las ballenas de Baird, el mayor miembro de la familia de los zifios, tienen 13 estómagos. Dado que las ballenas suelen comer a sus presas enteras, estos múltiples estómagos les ayudan a descomponer y digerir los alimentos. El proceso dura entre 15 y 18 horas.

FAMILIA DESTACADA

Pruébalo

La ballena jorobada tiene dos meses. Sabe nadar y está aprendiendo a alimentarse sola. Cada vez es más independiente, pero sigue manteniendo un fuerte vínculo con su madre. Todos los días nadan juntas. La cría nada en la estela que deja su madre. Seguir la estela de su madre le facilita la natación y le ayuda a desarrollar los músculos. Cuando sea lo bastante fuerte, podrá nadar tan rápido como su madre: hasta 25,7 km (16 millas) por hora.

SE COMUNICAN

entre sí a través de las ballenas
vocalizaciones, llamadas

CANTOS DE BALLENA.

6 AÑOS

- Alcanza la madurez sexual
- Se aparea por primera vez
- Peso: 29 t (32 toneladas)
- Longitud: 13,7 m (45 pies)

PRIMER PLANO

Canciones especiales

Cada temporada de apareamiento, las ballenas jorobadas macho crean una canción que puede durar hasta 20 minutos. La canción se repite durante horas y todos los machos de la manada cantan la misma. A la temporada siguiente se crea una nueva canción.

CAPÍTULO TRES

LECCIONES DE LA VIDA

Las ballenas suelen ayudarse entre sí para encontrar comida. A veces cazan juntas y forman una red con las burbujas de aire de sus espiráculos. Las presas quedan atrapadas en la red y luego se reparten entre el grupo. Las ballenas son animales sociales. A medida que envejecen, buscan la compañía de otras ballenas de su misma especie, edad y sexo. Algunos machos abandonan a sus madres y se unen a manadas formadas por otros machos. Empiezan a buscar hembras con las que aparearse. Las hembras también abandonan sus manadas y se reúnen con otras ballenas, pero suelen volver con sus madres cuando termina la época de apareamiento.

El apareamiento se produce durante la **migración** a aguas más cálidas en invierno. Las ballenas migran cuando el agua del océano se enfría y escasean las fuentes de alimento. Buscan aguas más cálidas cerca del ecuador, donde hay más comida. Durante este tiempo, los machos atraen a las hembras de muchas maneras. Hacen burbujas, cantan, rompen el hielo y a veces se pelean

10 AÑOS

- En plena madurez
- Peso: 34,5 t (38 toneladas)
- Longitud: 15,2 m (50 pies)
- Las hembras dan a luz cada dos o tres años

con otros machos para llamar la atención de las hembras. Cuando las ballenas forman pareja, nadan juntas y se imitan buceando y revolcándose en el agua. Las hembras están preñadas durante aproximadamente un año. Dan a luz cada dos o tres años.

Las ballenas tienen una larga vida que varía según la especie. Algunas, como las belugas, viven hasta 60 años. Otras, como la ballena jorobada, viven hasta 90 años. La ballena de Groenlandia es la más longeva de todas las especies, con una vida media de entre 100 y 200 años.

El hábitat de una ballena puede influir en su longevidad. Las ballenas que viven en **cautividad** tienen una esperanza de vida mucho más corta que las que viven en libertad. Vivir en los espacios más reducidos del cautiverio puede causar problemas de salud como afecciones cutáneas que acortan la vida de la ballena.

FAMILIA DESTACADA

Así se hace

¡Eh, tú! La joven ballena está nadando con su manada cuando ve a una hembra a la que le gustaría conocer. Empieza a soplar burbujas por el espiráculo. Luego sale al agua y salta para demostrar lo alto que puede llegar. Cuando vuelve al agua, empieza a cantar. Todo su alarde funciona. La ballena hembra se fija en él y se acerca nadando. Empiezan a nadar juntos. Ahora son pareja.

PRIMER PLANO

Grasa

Las ballenas tienen una gruesa capa de grasa bajo la piel que las mantiene calientes en las frías aguas del océano. La grasa es también el lugar donde almacenan la energía para utilizarla en el futuro cuando no dispongan de alimento. La grasa puede suponer hasta el 50% del peso corporal de una ballena.

40 AÑOS

- Migra a aguas más cálidas cada invierno
- La piel tiene golpes por golpear a otros animales y objetos en el agua

Una razón por la que es importante mantener a las ballenas en su hábitat natural es porque desempeñan un papel importante en la salud de los océanos. Llevan nutrientes a otras partes del océano cuando migran. También son capaces de almacenar grandes cantidades de carbono en sus cuerpos debido a su enorme tamaño. Obtienen este carbono comiendo presas ricas en carbono. El almacenamiento de carbono ayuda a eliminarlo de la atmósfera. Menos carbono en la atmósfera ayuda a mantener la temperatura global.

PRIMER PLANO

Jorobadas

Las ballenas jorobadas deben su nombre a las jorobas que tienen delante de las aletas dorsales. Estas aletas son más cortas que las de otras ballenas. Hacen que las jorobas sean más visibles cuando las ballenas arquean la espalda para zambullirse en el agua.

FAMILIA DESTACADA

La práctica hace al maestro

La ballena se reúne con otros machos de su manada y juntos nadan hacia el océano. Allí divisan un banco de capelanes plateados, pequeños peces que habitan en los océanos septentrionales. Formando un círculo, algunas ballenas empiezan a soplar burbujas en el agua. Rápidamente, una cortina de burbujas rodea a los capelanes. Una ballena hace una señal a las demás. Entonces, todas avanzan rápidamente con la boca abierta. El banco de capelanes se convierte en una sabrosa comida.

85 AÑOS

- Fin de la vida

CAPÍTULO CUATRO

AYUDANDO A LAS BALLENAS A SOBREVIVIR

Durante miles de años, los humanos han cazado y matado ballenas. Esta práctica se conoce como caza de ballenas. El aceite de ballena se utilizaba para fabricar velas y lámparas antes de que existiera la electricidad. Las barbas, la lámina de algunas especies de ballenas utilizada para colar las presas del agua de mar, también eran valiosas para los humanos. Las barbas se utilizaban en prendas de vestir, como los cuellos, para darles rigidez. Otro subproducto de las ballenas era el ámbar gris. El ámbar gris procedía de los intestinos de los cachalotes y se utilizaba en algunos perfumes.

En 1986, la Comisión Ballenera Internacional prohibió la caza comercial de ballenas. Sin embargo, algunos países siguen permitiendo la caza de ballenas, entre ellos Noruega, Islandia y Japón. La caza ilegal de ballenas también es un problema en todo el mundo.

Algunas especies de ballenas están en peligro de extinción, como la ballena franca del Atlántico Norte. Quedan menos de 400 ballenas de esta especie, en gran parte debido a la caza de ballenas. Otra amenaza a la que se enfrentan todas las especies de ballenas es el cambio climático. El cambio climático aumenta la temperatura del agua del mar. A medida que aumenta la temperatura del océano, muchas fuentes de alimento para las ballenas, como el kril, podrían estar menos disponibles o desaparecer. Si el cambio climático se produce con rapidez, las ballenas y otros animales marinos podrían no tener tiempo de adaptarse.

Las ballenas se enfrentan a otras amenazas. Pueden enredarse en equipos de pesca y desechos marinos, como basura arrojada desde barcos y aparejos de pesca perdidos. Cuando se enredan, las ballenas pueden morir de hambre o ahogarse. Las ballenas jorobadas chocan a menudo con embarcaciones, lo que les causa lesiones en la piel. Las colisiones entre una ballena y un buque marítimo son peligrosas para todos los implicados.

Hay muchas organizaciones que ayudan a toda la vida oceánica, incluidas las ballenas. La Marine Conservation Society limpia la basura de las playas de Gran Bretaña. Sea Shepherd vigila los océanos con patrulleras en busca de actividades ilegales, incluida la caza ilegal de ballenas. Oceana trabaja en la creación de políticas con base científica para detener la sobrepesca, proteger los hábitats oceánicos y reducir la contaminación por plásticos. Hacer un donativo a estas organizaciones o colaborar como voluntario con un grupo ecologista local son formas estupendas de ayudar a proteger a las ballenas y a todas las demás criaturas marinas.

Las ballenas son criaturas magníficas que merecen vivir en un océano seguro y limpio. Actuar para mantener los océanos limpios es el primer paso para garantizar que las ballenas sigan existiendo durante mucho tiempo.

INSTANTÁNEAS

Las **ballenas azules** engordan 90,7 kg (200 libras) kg cada día durante el primer año de su vida.

El corazón de una ballena azul es del tamaño de un coche pequeño. Bombea 9,1 t (10 toneladas) de sangre cada día y tiene una aorta lo suficientemente grande como para que un ser humano se arrastre a través de ella.

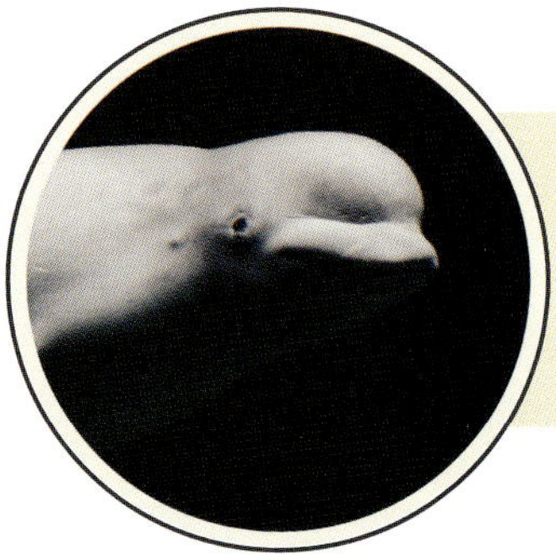

Las **belugas** han sido apodadas el "canario del mar" debido a los muchos ruidos diferentes que pueden hacer.

Las belugas pueden nadar hacia atrás. También tienen huesos del cuello que no están fusionados, lo que les permite mover la cabeza en más direcciones que otras especies de ballenas.

Una **ballena picuda de Cuvier** pasó 137 minutos entre respiraciones. Este es el récord conocido de mayor tiempo entre respiraciones de una ballena.

El **cachalote** tiene el cerebro más grande de todos los mamíferos. Su cerebro puede pesar hasta 4,2 kg (9,2 libras).

Los espiráculos de las distintas especies de ballenas tienen formas diferentes. Las **ballenas jorobadas** tienen dos espiráculos separados.

Las **ballenas grises** tienen un único espiráculo en forma de V.

Las ballenas jorobadas comen hasta 2.495 kg (5.500 libras) de kril y pescado cada día.

Los **rorcuales aliblancos** son las ballenas barbadas más pequeñas. Alcanzan unos 10,7 m (35 pies)de longitud y pesan hasta 9,1 t (10 toneladas)

Los rorcuales aliblancos del Antártico tienen aletas pectorales de color gris sólido con bordes blancos.

PALABRAS para saber

branquia el órgano respiratorio utilizado por los peces para extraer oxígeno del agua

cautividad un estado de encarcelamiento o confinamiento

comadrón alguien, normalmente mujer, que ayuda en el parto

de sangre caliente capaz de mantener de forma natural la propia temperatura corporal, normalmente por encima de la del entorno

destetar acostumbrar a un lactante a alimentos distintos de la leche materna

diatomea un alga microscópica en la superficie de la piel de una ballena que refleja la luz

ecolocalización el proceso de localización de objetos mediante ondas sonoras reflejadas

estela una perturbación del agua que provoca olas tras ella

kril un pequeño crustáceo parecido a la gamba que comen las ballenascomo un crustáceo que comen las ballenas

migración movimiento estacional de animales de un lugar a otro, normalmente para alimentarse y reproducirse

monocromático que contiene o utiliza un solo color

parásito animal o planta que sobrevive sobre o dentro de un organismo huésped

Visita

LIME KILN POINT STATE PARK

Camina por la orilla para tener la oportunidad de ver ballenas en libertad. Las mejores épocas para verlas son de mayo a septiembre.

1567 Westside Road
Friday Harbor, WA 98250

MONTEREY BAY AQUARIUM

De abril a diciembre, a veces se pueden ver ballenas jorobadas desde las terrazas con vistas al océano del acuario.

886 Cannery Row
Monterey, CA 93940

MYSTIC AQUARIUM

Visita a las belugas en persona o programa una llamada Zoom privada con una beluga y su equipo de cuidados.

55 Coogan Boulevard
Mystic, CT 06355

SHEDD AQUARIUM

Este acuario alberga ocho belugas que siempre están ocupadas jugando y haciendo ruidos.

1200 South Lake Shore Drive
Chicago, IL 60605

ÍNDICE